AF313899

LES CUISINIÈRES

TABLEAU CULINAIRE EN UN ACTE

LES
CUISINIÈRES

TABLEAU CULINAIRE EN UN ACTE

PAR

LEMERCIER DE NEUVILLE

PARIS

LIBRAIRIE THÉATRALE

14, RUE DE GRAMMONT, 14

1889

PERSONNAGES :

MADAME BELOISEAU, 30 ans.

FRANÇOISE, sa cuisinière, 22 ans.

ERNESTINE, sa femme de chambre, 18 ans.

HÉLOÏSE, modiste, 17 ans.

CATHERINE
VIRGINIE } autres cuisinières entre 25 et 30 ans.

LA MÈRE GROBEC, concierge, mère de Françoise, 60 ans.

———

Cette pièce est extraite de l'ouvrage intitulé : *COMÉDIES POUR JEUNES FILLES*, du même auteur.

LES CUISINIÈRES

Le théâtre représente une cuisine. — Au premier plan, à gauche,
porte donnant dans le cabinet au charbon. — Au second plan,
fourneaux. — Au premier plan, à droite, porte de l'office. —
Au milieu, au fond, porte d'entrée. — Table carrée au milieu.
— Chaises, casseroles, le long des murs. — Une petite glace près
du fourneau. — Une petite table à droite. — Plus loin un buffet.

SCÈNE PREMIÈR

FRANÇOISE, MADAME BELOISEAU,
puis ERNESTINE.

FRANÇOISE, buvant un bol de lait.

Ça tourne si vite par les chaleurs, le lait! Autant
ne pas le perdre... et en profiter... Il ne tournera pas
maintenant. Ah! madame!

MADAME BELOISEAU, entrant.

Dites-moi, Françoise, nous avons du monde à di-
ner ce soir.

FRANÇOISE.

Bien, madame! Combien de personnes?

MADAME BELOISEAU.

Je ne sais pas; quatre, je crois; mon mari, M. Beloiseau, a organisé ce repas à sa façon; je ne sais pas pourquoi, et j'ignore même le nom des convives; en tout cas, il m'a recommandé de soigner le menu.

FRANÇOISE.

Madame fait son marché elle-même?

MADAME BELOISEAU.

Non! pas aujourd'hui, je ne déjeunerai même pas ici. C'est la semaine prochaine que nous nous installons à Montmorency; il faut que j'aille voir la villa, pour donner de l'air aux chambres et préparer tout ce dont nous aurons besoin, au moins en arrivant.

FRANÇOISE.

Alors, madame, qu'est-ce qu'il faut acheter?

MADAME BELOISEAU.

Voyons! D'abord, vous commanderez un vol-au-vent chez le traiteur. Puis vous prendrez, chez le boucher, un gigot, un présalé et une noix de veau. Vous achèterez un pâté de foie gras, — ça accompagnera la salade, — des cœurs de laitue; puis, comme légumes, ce que vous voudrez : des petits pois, des artichauts. — Ah! j'oubliais, prenez chez le pâtissier une belle tarte aux cerises.

FRANÇOISE.

C'est tout, madame?

MADAME BELOISEAU.

Il me semble que c'est assez!... Que tout soit prêt pour six heures exactement.

FRANÇOISE.

Oui, madame.

Ernestine entre, portant sur un plateau les restes d'un déjeuner au café.

MADAME BELOISEAU.

Ah! j'allais oublier. Ernestine, mon enfant, on doit
me rapporter aujourd'hui mon chapeau de chez la
modiste.

ERNESTINE.

Il n'y a rien à lui dire, madame?

MADAME BELOISEAU.

Rien. — Je compte sur vous, Françoise.

FRANÇOISE.

Oh! madame peut être sûre...

MADAME BELOISEAU.

Vous avez des serviettes à marquer, Ernestine.

ERNESTINE.

Je sais, madame, je sais...

MADAME BELOISEAU.

Si je prenais mon parapluie!... le temps est dou-
teux! — Bah! au petit bonheur! je ne le prends pas.

Elle sort.

SCÈNE II

FRANÇOISE, ERNESTINE.

FRANÇOISE.

Monsieur déjeune à son bureau, madame va à la
campagne, nous voilà libres pour toute la journée!

ERNESTINE.

Oui, mais le dîner ?

FRANÇOISE.

Le dîner, le dîner, c'est pour ce soir ! Ma foi, si
vous vouliez, mademoiselle Ernestine, nous pren-
drions un peu de bon temps.

ERNESTINE.

Mais, mam'selle Françoise, je veux tout ce que
vous voulez, moi, pourvu que ce soit possible et...
honnête...

FRANÇOISE.

Honnête ! Parbleu ! Est-ce que je vous proposerais
quelque chose de malhonnête, oh ! mademoiselle Ernestine ! Seulement, vous savez comme madame est
sèche et sévère ; avec elle il ne faut pas broncher ;
aussi, quand elle n'est pas là, ça n'est pas défendu de
rire un petit brin !

ERNESTINE.

Pour sûr ! mam'selle Françoise.

FRANÇOISE.

Alors, voilà mon idée... Je vais aller au marché
faire les commissions de madame. Ça avant tout ! Il
faut que je n'aie plus rien à prendre pour mon dîner ; puis j'avertirai en passant Catherine, la bonne
de l'avocat qui ne déjeune jamais chez lui, et Virginie, la cuisinière du vieux baron qui voyage toujours.

ERNESTINE.

Et puis ?

FRANÇOISE.

Et puis nous ferons toutes ensemble un bon dé-

jeuner, nous rirons; enfin nous passerons un bon
moment, il n'y a pas de mal à ça !

ERNESTINE.

Oh ! vraiment non !

FRANÇOISE.

Si les maîtres étaient raisonnables, on n'aurait pas
besoin de se cacher pour se procurer ces petits agré-
ments-là ! Mais ils sont fiers !

ERNESTINE.

Oh ! ma chère ! à qui le dites-vous ? Figurez-vous
qu'hier, oui, pas plus tard qu'hier, elle m'a attrapée
d'une belle façon.

FRANÇOISE.

Madame? bah ! contez-moi ça !

ERNESTINE.

Oui ! c'était le matin ! Elle avait sonné, j'entre dans
sa chambre, j'ouvre les persiennes et je lui dis : Bonjour, madame, comment vous portez-vous?

FRANÇOISE.

C'était poli !

ERNESTINE.

Ah ! ouiche ! Elle m'a joliment reconduite, allez ! —
Comment vous portez-vous ? Insolente ! Qu'est-ce qui
vous a appris le service ? Depuis quand ne me parlez-
vous plus à la troisième personne ? On dit : Comment
madame se porte-t-elle ? Entendez-vous? Et ne l'ou-
bliez plus !

FRANÇOISE.

Si ça ne fait pas pitié !

ERNESTINE.

Et enfin qu'est-ce qu'elle est? Une simple bourgeoise, pas même! Son père était cultivateur, comme le mien; seulement le mien était au service du sien; à ça près, c'est la même chose!

FRANÇOISE.

Alors, voilà! c'est bien convenu! Nous allons faire une bonne petite rigolade. J'ai là, sur le feu, un ragout de mouton qui mijote, je vais acheter du boudin...

ERNESTINE.

Oh! du boudin! moi j'en suis folle.

FRANÇOISE.

Tant mieux! En joignant à ça une bonne omelette au lard, nous aurons très bien déjeuné.

ERNESTINE.

Je crois bien!

FRANÇOISE.

Alors, vous restez ici, n'est-ce pas, mam'selle Ernestine, pendant que je vais aller faire mon marché et avertir Catherine et Virginie? (On sonne.) On a sonné! Est-ce que madame aurait changé d'avis, par hasard?

ERNESTINE, allant ouvrir.

Je vais voir.

Elle sort.

FRANÇOISE.

C'est ça qui ne serait pas drôle!

ERNESTINE, revenant avec Héloïse.

C'est la modiste.

FRANÇOISE.

C'est bon ; je vous laisse. — Je vas faire mon marché. — Je ne serai pas longtemps

Elle sort.

SCÈNE III

ERNESTINE, HÉLOÏSE, avec un carton à chapeau.

ERNESTINE.

C'est le chapeau de madame ?

HÉLOÏSE.

Oui, mademoiselle, oh ! il est très joli.

ERNESTINE.

Voyons !

HÉLOÏSE, ôtant le chapeau du carton et le mettant sur sa
tête.

Voyez, — il me va très bien.

ERNESTINE.

Ne le trouvez-vous pas un peu jeune pour madame ?

HÉLOÏSE.

Oui, mais madame l'aime comme ça.

ERNESTINE, prenant le chapeau sur la tête d'Héloïse.

Voyons s'il me va !

Elle met le chapeau.

HÉLOÏSE.

Oh ! mais très bien ! Vous êtes gentille comme tout
avec.

ERNESTINE.

Vrai ! Ah bien, je vais le garder toute la journée,
ça ne l'abîmera pas.

HÉLOÏSE.

Comment ? toute la journée ?

ERNESTINE.

Ah ! c'est vrai, vous ne savez pas ! Madame Beloiseau est allée à la campagne. Nous somme seules,
la cuisinière et moi ; alors nous avons organisé un
petit déjeuner avec les amies de Françoise ; voulez-
vous en être ? je vous invite.

HÉLOÏSE.

C'est que je n'ai pas le temps, il faut que je rentre.

ERNESTINE.

Vous direz que vous avez attendu madame Beloiseau, — puis nous déjeunerons bientôt. — Vous par-
tirez quand vous voudrez.

HÉLOÏSE, hésitant.

C'est bien tentant.

ERNESTINE.

Allons ! allons ! c'est convenu !

HÉLOÏSE.

Non ! vraiment, je n'ose pas, j'ai peur d'être grondée.

ERNESTINE.

Grondée ! Ah ! bien, c'est ça qui ne me fait plus
peur ! Je le suis tous les jours et, les trois quarts du
temps, je ne le mérite pas... aussi j'y suis habituée !
Allons, au risque d'être grondée, — on n'en meurt
pas, vous voyez ! — restez avec nous.

HÉLOÏSE.

Eh bien ! soit.

ERNESTINE.

Il n'y a pas longtemps que vous êtes modiste ?

HÉLOÏSE.

Non ! un mois seulement... je ne couds pas encore,
on ne me fait faire que les courses.

ERNESTINE.

Et on vous donne ?

HÉLOÏSE.

Rien ! Au contraire, c'est moi qui paie mon appren-
tissage.

ERNESTINE.

Je m'en doutais ! — Vous payez pour qu'on vous
apprenne, et on vous envoie promener toute la journée ! — Oh ! les maîtres, les patrons, les supérieurs,
je voudrais qu'on les fourre tous dans un même sac
et je me chàrgerais de le jeter à l'eau. (Elle va se re-
garder dans le miroir qui est près du fourneau.) N'est-ce pas
que je suis gentille avec ce chapeau-là ?

HÉLOÏSE.

On dirait qu'il a été fait pour vous.

ERNESTINE.

Eh bien, voilà ! Quand il aura été porté et reporté,
madame me le donnera, croyant me faire un beau
cadeau ; et comme il ne sera plus mettable, je ne le
mettrai pas. Oh ! être chez les autres !...

HÉLOÏSE.

Que voulez-vous ? c'est comme cela ; personne
n'est absolument maître. Du haut en bas, on a toujours quelqu'un au-dessus de soi.

FRNESTINE.

Ah ! vous êtes philosophe, vous ! — Moi pas ! (Bruit de porte d'entrée au dehors.) Voici Françoise !

SCÈNE IV

HÉLOÏSE, ERNESTINE, FRANÇOISE.

FRANÇOISE, entrant avec un panier plein de viandes et de légumes.

Ouf ! Voilà le marché fait ! je n'ai pas marchandé longtemps, aujourd'hui, je vous en réponds ! — Catherine et Virginie vont venir. Nous allons bien nous amuser !

ERNESTINE.

Dites donc, Françoise, j'ai invité mademoiselle.

FRANÇOISE.

Très bien ! plus on est de fous, plus on rit ! — Ah ! ça, maintenant, mes belles, vous allez me débarrasser le plancher, je n'ai pas trop de place dans ma cuisine et il faut que je mette le couvert.

ERNESTINE.

Si nous déjeunions dans la salle à manger ?

FRANÇOISE.

Mais non ! Mais non ! Ici nous sommes chez nous.

ERNESTINE, à Héloïse.

Venez-vous, mademoiselle ?... — Comment vous appelez-vous ?

HÉLOÏSE.

Héloïse.

ERNESTINE.

C'est un gentil nom. Venez, je vais vous montrer l'appartement.

HÉLOÏSE.

Y a-t-il un piano ?

ERNESTINE.

Oui, et un joli ! Est-ce que vous savez en jouer ?

HÉLOÏSE.

Non ! et vous ?

ERNESTINE.

Moi, très bien ! avec un doigt je joue *Au clair de la lune !* Vous allez voir !

Elles sortent.

SCÈNE V

FRANÇOISE, seule.

Voyons, c'est pas tout ça, ne perdons pas notre temps ! Le ragout de mouton marche ! (Elle goûte le mets.) Il sera bon. (Elle va à la table du milieu, sur laquelle elle a déposé son panier en entrant.) Voyons si je n'ai rien oublié : (Elle tire du panier les objets qu'elle annonce, et les place sur la petite table de droite.) Le gigot, le veau, le pâté, la salade, les petits pois, tout y est. J'achèterai ce soir les fruits. Ah ! pour nous, voici le boudin et les œufs ! Rien n'y manque. (On sonne.) Qu'est-ce qui vient là ?

SCÈNE VI

FRANÇOISE, LA MÈRE GROBEC.

FRANÇOISE.

Tiens ! c'est la mère Grobec ! bonjour, maman !

LA MÈRE GROBEC, embrassant Françoise.

Bonjour, Françoise ! Bonjour, mon enfant ! Comment qu'ça va ? Allons, tant mieux ! La santé, c'est une bonne maladie, qui n'a pas besoin de médecin !

FRANÇOISE.

Tu déjeunes avec nous, maman ?

LA MÈRE GROBEC.

Tout de même, mon enfant ! Ton père garde la loge. C'est pas ce qu'il aime le mieux, par exemple ; mais il ne s'en porte pas plus mal. Et ta bourgeoise ?

FRANÇOISE.

Ma bourgeoise ? Elle me laisse tranquille toute la journée ! Elle est à la campagne, et ne reviendra que pour le dîner ! Aussi, nous faisons ce matin un petit fristi ; j'attends Virginie et Catherine.

LA MÈRE GROBEC.

Veux-tu que je t'aide ? Je vas mettre la table. Combien qu'on est ?

FRANÇOISE.

Mets six couverts.

LA MÈRE GROBEC.

Six couverts, excusez !

FRANÇOISE.

Est-ce que tu avais quelque chose à me dire ?

LA MÈRE GROBEC, mettant les couverts.

Pour sûr ! Après ça, tu feras comme tu voudras.
Voici ce que c'est : il y a chez nous, au second étage,
une locataire, madame Malosieux, qui a donné hier
ses huit jours à sa cuisinière ; c'est une bonne place,
on reçoit beaucoup et du beau monde. Cinquante
francs par mois, le sou pour livre, la bonne fait le
marché... il y a des bénéfices, et tu serais chez nous,
nous qui sommes les concierges.

FRANÇOISE.

Dam ! c'est à voir, maman.

LA MÈRE GROBEC.

C'est à voir tout de suite ! Une place comme
celle-là est vite prise. Enfin, je t'ai prévenue.

FRANÇOISE.

Merci, maman ! Passe-moi les œufs pour l'omelette.

LA MÈRE GROBEC.

Ils sont sur ton fourneau.

FRANÇOISE.

Pourquoi qu'elle a renvoyé sa cuisinière ?

LA MÈRE GROBEC.

A cause d'une crème. La bourgeoise l'avait dé-
mandée au chocolat, l'autre l'avait faite à la vanille !
Ça a fait toute une histoire. Elles se sont chamail-
lées toutes deux, j' les entendais de ma loge, et ton
père, qui était dans les escaliers, n'a pas perdu un
mot du cintième. Vous êtes une ci, et vous une ça,
vous en êtes une autre ! C'était scandaleux ! Et les

portes claquaient ! Toute la maison était sur les paliers, et tout le monde disait : « Si ça fait pas pitié ! Si ça fait pas pitié ! » On plaignait la cuisinière. C'est juste, enfin ; comme si la vanille, c'est pas aussi bon que le chocolat !

FRANÇOISE, mettant ses œufs dans la poêle.

C'est encore une baraque que c'te maison-là !

LA MÈRE GROBEC.

Comme j'te dis, tu n'en feras que ce que tu voudras.

FRANÇOISE.

Ah ça, mais il me semble que l'Auvergnate et la Normande se font attendre ! Ah ! mais non, les voici ; j'entends le rire de Catherine.

SCÈNE VII

LA MÈRE GROBEC, FRANÇOISE, CATHERINE
et VIRGINIE entrant avec leurs paniers à provisions.

CATHERINE, parler auvergnat.

Ouf ! C'est nous ! L'escalier de service, elle est si petite que je croyais que j'allais être obligée de laisser mon panier en bas.

FRANÇOISE.

Bonjour, Catherine. Bonjour, Virginie.

VIRGINIE, accent normaud.

Tout d' même ! Allez ! C'est pas trop tôt qu' nous arrivions, moi j' meurs de faim.

FRANÇOISE.

Tout est prêt, on va se mettre à table.

CATHERINE, posant son panier.

Faut-il vous aider, mère Grobec? Fouchtra! Comme il y a beaucoup d'assiettes! c'est donc une noce!

FRANÇOISE.

Posez donc votre panier, Virginie.

VIRGINIE, posant son panier.

Dites donc, Françoise, devinez un peu combien que j'ai payé ce homard-là.

Elle tire un homard de son panier.

FRANÇOISE, prenant le homard.

Ça? huit francs, s'il est frais.

Elle le sent.

¡VIRGINIE.

S'il est frais ? J' vous crois! Allez, marchez.'

CATHERINE, prenant le homard.

Moi, j' m'y connais! Voyons : c'est un homard de six francs, pas plus ; les pattes sont pleines.

|VIRGINIE.

C'est pas core ça! (A la mère Grobec.) Et vous, la mère, dites votre prix ?

LA MÈRE GROBEC, prenant le homard.

Moi, je ne m'y connais pas ! mais vous l'auriez encore payé cent sous que ça ne m'étonnerait pas !

VIRGINIE.

J' l'ai eu pour quatre francs !

LA MÈRE CROBEC.

Pas possible ! c'est pour rien.

Elle pose le homard sur le buffet.

FRANÇOISE.

Allons ! à table ! l'omelette est prête. (Elle sert l'omelette sur la table.) Prenez des chaises. (Allant à la porte du fond.) Mademoiselle Ernestine ! à table !

ERNESTINE, dans la coulisse.

Voilà ! voilà !

SCÈNE VIII

LA MÈRE GROBEC, FRANÇOISE, CATHERINE, VIRGINIE, ERNESTINE, HÉLOÏSE.

ERNESTINE.

Nous voici ! bonjour, mesdames.

CATHERINE.

Bonjour, mesdemoiselles ! Oh ! le joli chapeau !

ERNESTINE.

C'est mademoiselle qui l'a apporté pour madame.

CATHERINE.

Ça me va très bien, les chapeaux, montrez un peu pour voir.

ERNESTINE, donnant le chapeau.

Prenez bien garde de l'abîmer !

CATHERINE, mettant le chapeau.

N'ayez pas peur, jeune fille ! les chapeaux, ça me connaît !

VIRGINIE.

Ah! elle est bonne, la Catherine! Comme si elle en avait jamais mis ?

Tout le monde se met à table.

CATHERINE.

Si j'en ai jamais mis ? que vous dites ? la Normande ? — Mais je vous souhaite d'en avoir mis autant que moi! — Dans mon pays, tout le monde en porte.

FRANÇOISE.

En Auvergne ?

CATHERINE.

Sans doute, en Auvergne! toutes les femmes ont des chapeaux avec de beaux rubans de velours, fouchtra! et des belles fleurs, et des machines en or, oh! on se met bien chez nous! (A Ernestine.) Laissez-moi un peu le chapeau pendant le déjeuner, ça me rappellera mon pays!

FRANÇOISE.

Comment trouvez-vous l'omelette ?

VIRGINIE.

Pour bonne, elle est bonne ! Seulement, il n'y pas assez de lard.

FRANÇOISE.

J'en ai pourtant mis une livre! — Eh bén! dites donc, la modiste, vous ne mangez pas ? En voulez-vous encore ?

HÉLOÏSE.

Merci, madame!

FRANÇOISE.

Personne n'en veut plus ? je sers le boudin.

CATHERINE.

Oh! du boudin! moi, je l'idolâtre.

VIRGINIE.

Et moi aussi! Mais on ne fait pas ici le boudin comme chez nous.

FRANÇOISE, servant le boudin.

Si vous n'en voulez pas, vous le laisserez.

CATHERINE.

Et nous mangerons sa part! fouchtra! je me régale, moi! A propos, vous savez, j'ai failli lâcher mon avocat ce matin.

FRANÇOISE.

Contez-nous ça.

CATHERINE.

C'est pourtant pas que mon maître soit gênant et qu'j'aie beaucoup à faire! Mais les maîtres, c'est des maîtres, ça a des idées! Ne voulait-il pas me faire cirer?

VIRGINIE.

Cirer! moi, plus souvent qu'on me ferait cirer!

FRANÇOISE.

C'est donc un grigou, votre patron?

CATHERINE.

Non! mais enfin c'est une idée qu'il a eue comme ça. Justement je savais que madame Malosieux, votre locataire, madame Grobec, avait renvoyé sa bonne; alors j'y suis allée.

FRANÇOISE, vivement.

Eh bien?

CATHERINE.

Eh bien ! elle l'a reprise ! voilà trois fois qu'elle
la renvoie et qu'elle la reprend ! Non ! j'vous dis,
les maîtres, ça ne sait pas ce que ça veut.

VIRGINIE.

Et j'voudrais les voir à notre place ! ça fait la
grasse matinée, ça vous dérange pour la moindre
chose, ça n'est jamais content ! ça se plaint toujours !
c'est méfiant ! Ah ! la vilaine engeance !

ERNESTINE.

Les femmes de chambre ne sont pas plus épar-
gnées que les cuisinières.

LA MÈRE GROBEC.

Et si vous aviez affaire aux propriétaires, donc !
en voilà encore qui ne valent pas cher ! Si on les
écoutait, les locataires ne pourraient pas monter
dans l'escalier de peur de le salir, et les loyers se-
raient du double.

HÉLOÏSE.

Et les patronnes, donc ! Elles ne valent pas mieux !

FRANÇOISE.

Ce qui vaut mieux, c'est d'être chez soi.

CATHERINE.

Pour sûr !

FRANÇOISE.

Avec de bonnes petites rentes ou tout au moins
un petit commerce.

CATHERINE.

Une boutique de charbon ; on gagne beaucoup
sur les cotrets.

VIRGINIE.

Moi, j'aimerais mieux une épicerie.

ERNESTINE.

Et moi une lingerie.

HÉLOÏSE.

Et moi une parfumerie.

FRANÇOISE.

En attendant, mesdames, il faut faire son petit sac le plus vite possible ! Moi, j'aimerais la campagne, une petite ferme ! J'aurais des vaches qui me donneraient du lait, des moutons dont je vendrais la laine, des poules qui me donneraient des œufs, des... (Violent coup de sonnette.) Qu'est-ce que c'est que ça? Allez donc voir. Ernestine! (Ernestine sort.) Ah! ça serait le bonheur! Enfin, il faut espérer que ça viendra!

ERNESTINE, à la porte.

Vite! cachez tout ! madame rentre, elle ne va pas à la campagne, il pleut. — Faites tout disparaître pendant que je vais la déshabiller.

Elle sort.

FRANÇOISE.

Saprelotte! mes enfants! nous sommes pincées! Allons! vite! aidez-moi à cacher tout cela!

Grand effroi. — Elles se lèvent toutes et débarrassent la table.

CATHERINE.

Fouchtra! Heureusement que nous avons mangé le boudin.

FRANÇOISE.

Dépêchez-vous! dépêchez-vous! Madame n'a pas déjeuné, elle va venir de suite à la cuisine.

VIRGINIE.

N'oublions pas mon homard! — Bon! je le mets
là, on ne le verra pas!

Elle met le homard dans le carton à chapeau.

CATHERINE.

Ah! le chapeau! Manquerait plus que je le garde
sur ma tête! Où le fourrer? Ah! dans ce panier.

Elle le met dans le panier de Françoise.

FRANÇOISE.

Voyons! voyons! avez-vous fini? Mais il ne faut
pas que madame vous voie, cachez-vous.

CATHERINE.

Où ça? nous cacher...

FRANÇOISE.

Tenez, Catherine, mettez-vous là, dans le cabinet
à charbon, vite, vite, et vous, Virginie, dans l'office; — vite! je l'entends qui vient, elle est de mau-
vaise humeur.

Catherine et Virginie se cachent.

HÉLOÏSE.

Moi, je reste. — Ah! voilà mon carton à chapeau!
Je dirai que j'arrive.

FRANÇOISE.

Et moi, je souffle mon feu — c'est une conte-
nance! — Gare la bombe, la voici!

SCÈNE IX

FRANÇOISE, LA MÈRE GROBEC, HÉLOÏSE, MADAME BELOISEAU, ERNESTINE, CATHERINE et VIRGINIE, cachées.

MADAME BELOISEAU.

Oui, mademoiselle, vous auriez dû insister pour que je prenne mon parapluie, c'était votre devoir !... j'ai reçu toute l'averse ! je suis furieuse !...

ERNESTINE.

Madame, ce n'est pas ma faute...

MADAME BELOISEAU.

Taisez-vous ! vous répondez toujours, je n'aime pas cela ! — (A Françoise.) Voyons ! il va falloir me faire à déjeuner, maintenant. — Qu'est-ce qu'il y a dans cette casserole ? (Elle lève le couvercle.) Un ragout de mouton !

FRANÇOISE.

C'était pour moi, madame !

MADAME BELOISEAU.

Vous avez un fameux appétit ! une casserole pleine ! Il y en a au moins pour dix personnes ! Et votre marché, l'avez-vous fait ?

FRANÇOISE.

Oui, madame !

MADAME BELOISEAU.

Voyons ! (Elle prend le panier de Catherine.) Comment !

Comment! Un poulet! Un pot au-feu? Je ne vous avais pas demandé ça.

FRANÇOISE.

Mais ce n'est pas mon panier...

MADAME BELOISEAU.

Vous avez donc plusieurs paniers? (Apercevant Héloïse.) Qui êtes-vous, mademoiselle, qu'attendez-vous?

HÉLOÏSE.

Je viens vous apporter votre chapeau.

MADAME BELOISEAU.

Ah! très bien! (A Ernestine.) Et vous faites entrer mademoiselle dans la cuisine? Une cuisine en désordre comme celle-là! Voyons, mon chapeau.

HÉLOÏSE, donnant le carton à chapeau.

Voilà, madame!

MADAME BELOISEAU, tirant le homard du carton.

Qu'est-ce que c'est que ça?

HÉLOÏSE.

Tiens! le chapeau qui s'est changé en homard!

MADAME BELOISEAU.

Quelle est cette plaisanterie?

HÉLOÏSE.

Je ne comprends pas, madame.

MADAME BELOISEAU.

Je crois comprendre, moi! (Elle pose le homard sur la table.) Quelle cuisine encombrée! encore un panier! (Elle prend le panier de Virginie.) Un lapin! Des rognons! Ah! ça, mais que signifient toutes ces provisions...?

FRANÇOISE.

Madame...

MADAME BELOISEAU.

Ne me répondez pas! vous allez mentir! Allons bon! un troisième panier! (Elle prend le panier de Françoise.) Qu'est-ce qu'il contient, celui-là? Mon chapeau! C'est trop fort! Ah! mais, que se passe-t-il ici? (A Héloïse.) Eh bien, voyons, mademoiselle, expliquez-moi comment mon chapeau se trouve dans le panier de Françoise?

HÉLOÏSE.

Je ne sais pas, madame!

FRANÇOISE, à part.

Cette sotte de Catherine!

MADAME BELOISEAU.

Et vous, Françoise! comment expliquez-vous ça? (Françoise se tait, on entend un soupir dans le cabinet à charbon.) Quel est ce bruit? Il y a donc quelqu'un dans ce cabinet? je vais voir!

      Elle va ouvrir le cabinet.

FRANÇOISE, à part.

Aïe! Aïe! Aïe! ça se gâte!

MADAME BELOISEAU.

Allons! sortez! (Catherine sort du cabinet, toute noire.) Une charbonnière! que faites-vous ici?

CATHERINE.

Ce que je fais! vous le voyez bien, madame, j'étouffe!

MADAME BELOISEAU.

Je vais vous envoyer étouffer chez vous! moi! mais vous allez me dire auparavant... (Bruit de vaisselle cassée dans l'office.) Encore quelqu'un de ce côté! Ah! ça, ma maison est envahie! A-t-on jamais vu chose pareille ! (Elle va ouvrir la porte de l'office. — Virginie apparaît, couverte de confitures.) Que faites-vous ici ?

VIRGINIE.

J'vas vous dire, madame, c'est en passant ; nous étions venues voir Françoise en passant, un moment, lui dire bonjour et puis...

CATHERINE.

Et puis vous êtes venue, alors, ça nous a fait peur, à cause que nous ne savions pas si ça ne ferait pas gronder Françoise.

VIRGINIE.

C'est pour ça que nous nous sommes cachées. Voilà !

MADAME BELOISEAU.

Voilà ! et c'est pour ça que vous êtes couverte de confitures ?

VIRGINIE.

C'est en me retournant, j'ai accroché un pot, qui en a fait tomber un autre par hasard...

MADAME BELOISEAU.

Oui, oui, oui, tout ça, c'est le hasard ! Il a bon dos, le hasard ! — Ainsi, on recevait dans la cuisine pendant mon absence ! Mademoiselle Françoise traitait ses amies, on godaillait, on chantait, on s'amusait pendant que madame n'était pas là ! On se croyait en sûreté, bien tranquille, puisqu'on savait que je ne rentrerais pas ! Quelle audace ! Des serviteurs en qui j'avais confiance ! Me tromper ainsi ! Vous pensez bien, Françoise, que vous n'allez pas rester une minute de plus ici ! Je vous chasse ! vous allez partir de suite, je vous paie vos huit jours, faites votre paquet.

2

LA MÈRE GROBEC.

Oh ! Madame, pardonnez...

MADAME BELOISEAU.

Et vous ! vous ! La mère Grobec, que je croyais une femme sérieuse, vous aussi, vous encouragez les désordres de votre fille ? Vous auriez dû vous opposer à cette orgie.....

FRANÇOISE.

Ecoutez, madame, maman ne savait pas...

MADAME BELOISEAU.

Taisez-vous ! Et vous, Ernestine, vous, ma femme de chambre, en qui j'avais confiance, vous aussi, vous étiez du complot ?

ERNESTINE, pleurant.

Oh ! pardon ! pardon, madame.

MADAME BELOISEAU, à Héloïse.

Et vous, mademoiselle, est-ce que votre patronne vous autorise ainsi à accepter des invitations chez ses clientes et à mettre ses chapeaux dans des paniers de provisions ?

HÉLOÏSE.

Madame, je vous assure...

CATHERINE.

Madame, ne soyez pas trop sévère, ça n'arrivera plus.

LA MÈRE GROBEC, se mettant à genoux.

Pardonnez à ma fille, madame !

VIRGINIE.

Oui, madame, pardonnez à Françoise : c'est une bonne fille...

ERNESTINE.

Pardonnez-nous, madame !

CATHERINE.

Un bon mouvement, madame ! Enfin, tout ça, c'est
la faute de la pluie ; s'il n'avait pas plu, vous ne se-
riez pas rentrée et vous n'auriez rien vu ! Un petit
fristi de cuisinières, ce n'est pas grand'chose '... Tenez, voilà le soleil qui rit, maintenant, faites comme
lui !

MADAME BELOISEAU.

Pardonner? moi!... (Coup de sonnette.) On sonne ! Je
n'y suis pas! Allez voir, Ernestine ! Dites que je
suis sortie. Je ne puis pas recevoir en cet état !

Ernestine sort.

SCÈNE X

LES MÊMES, moins Ernestine.

MADAME BELOISEAU.

Comme je vous l'ai dit, faites votre paquet, Françoise. (A Héloïse.) Et vous, mademoiselle, venez m'essayer mon chapeau, et remerciez le ciel que je n'a-
vertisse pas votre patronne.

LA MÈRE GROBEC.

Madame ! Madame Beloiseau, pardonnez à ma fille !

FRANÇOISE.

Madame... c'est la première et la dernière fois!

SCÈNE XI

Les Mêmes, ERNESTINE, entrant avec quatre bouquets

MADAME BELOISEAU.

Eh bien ! qu'est-ce que c'est ?

ERNESTINE, donnant les bouquets.

On vient d'apporter cela pour madame...

MADAME BELOISEAU.

Pour moi ? Ces bouquets ? (Elle regarde les cartes. — lisant.) « Bonne fête, ma chère Louise ! et à ce soir ! » Comment ? c'est ma fête ! Je l'avais oublié ! Je m'explique maintenant les invitations de mon mari.

LA MÈRE GROBEC.

Et en faveur de votre fête, vous pardonnez, n'est-ce pas, madame ?

CATHERINE.

Oui, madame, vous ne pouvez pas faire autrement ! Nous vous en prions à genoux !

Elle se mettent toutes à genoux.

MADAME BELOISEAU.

Allons ! allons, relevez-vous ! Vous avez de la chance que ce soit ma fête, Françoise ! Et à propos, mon dîner ? Il faut aller l'acheter.

FRANÇOISE.

Mais il est là, madame. Voyez, sur le buffet !... Et j'ai commandé le vol-au-vent et la tarte.

MADAME BELOISEAU.

Ce sont des circonstances atténuantes.

FRANÇOISE.

Tout est-il oublié, madame ?

MADAME BELOISEAU.

Oublié... c'est un peu tôt ! Enfin, je vais essayer de ne pas me souvenir... Mais, à propos, je meurs de faim, moi, je n'ai pas déjeuné en ville...

CATHERINE.

Le ragout de mouton sent bien bon...

MADAME BELOISEAU.

J'en mangerai ! Et pendant qu'Ernestine va me dresser mon couvert, venez avec moi, mademoiselle, je vais essayer mon chapeau.

TOUTES, criant.

Vive madame Beloiseau ! Vive madame Louise !

MADAME BELOISEAU.

Merci, merci! (A part, au public.) C'est une leçon ! Je ne laisserai plus ma maison seule une autre fois. *Quand les chats sont absents, les souris dansent !*

FIN

Imprimerie générale de Châtillon-sur-Seine. — M. PEPIN.